दिल ये ज़िद्दी है

JEETNE KI ZID

सुरभि शर्मा

"इस पुस्तक का क्रियान्वन परमपिता परमेश्वर की असीम कृपा से हो पाया है।

|| हे प्रभु आपको कोटि कोटि नमन ||

में सबसे ज्यादा आभारी हूँ अपने माता -पिता , स्वर्गीय श्रीमती अरुणा शर्मा एवं स्वर्गीय श्री प्रकाश शर्मा जी का, जिन्होंने मुझे यह पुस्तक लिखने की प्रेरणा दी।

इस पुस्तक के सृजन का श्रेय मेरे जीवन के उन सभी बहुमूलय लोगो को जाता है, जिन्होंने कदम -कदम पर मेरा साथ दिया एवं मुझे प्रोत्साहित किया - श्रीमान आकाश शर्मा , श्रीमान विपिन यादव , श्रीमती आरती शर्मा एवं मेरी छोटी बहन कुमारी आस्था पाठक । आप सभी ने समय - समय पर जो सहयोग दिया है उसके प्रति में आजीवन आपकी आभारी रहूंगी ।आप इसी तरह सबके जीवन में प्रेम और खुशहाली बांटते रहे और सदैव मुस्कुराते रहे । साथ ही मेरी ईश्वर से प्रार्थना है ,की आप सब अपने जीवन में अपने लक्ष्य को प्राप्त करे एवं खूब तरक्की करें। जो की इस पुस्तक का भी मूल सिद्धांत है ।

"

क्रम-सूची

भूमिका — vii

प्रस्तावना — ix

1. मुझे चोट लगे तो दर्द उसको होता है — 1

2. कब तक मंज़िल रूठी रहेगी — 3

3. जब ठान लिया — 4

4. ख्वाब — 5

5. चलते चलते — 6

6. एक अकेलापन — 7

7. आसान होता — 8

8. ज़माना — 9

9. पहेली — 10

10. सितारों से आगे — 11

11. लक्ष्य — 12

12. वो — 13

13. हौंसला — 14

14. अब समय है — 15

15. बारिश — 16

16. मन — 17

17. सहेली — 18

18. माँ — 19

19. ज़िन्दगी — 20

20. मालिक — 22

क्रम-सूची

21. मक्खन मलाई मार के !!   23

22. हाय ! मेरे बचपन के दिन   29

भूमिका

"भारत देश में काव्य या कविता का इतिहास बहुत पुराना है। काव्य साहित्य की वह विधा है जिसमें कवी अपने मनोभावों को कलात्मक रूप से रूपांतरित करके प्रस्तुत करते हैं। आदि काल से कई सारे कवियों ने काव्य रचना के छेत्र में अपना योगदान दिया है। कविताओं के माध्यम से कवी, अपने मन के मनोभावों को काव्य की माला में पिरोकर परोसते हैं। इसमें शब्दों का मायाजाल कुछ इस प्रकार रचा जाता है, की पाठक भी कवी के मनोभावों से ओतप्रोत होकर अपने आपको , कवी के मनोभावों से संलग्न कर लेते है।

यह पुस्तक "दिल ये ज़िद्दी है" आपके जीवन में भावनाओं और ऊर्जा का नवीन संचार कर देगी। यह आपकी मानसिकता को प्रबल बनाएगी जिससे आप अपने कठिन समय में साहस न खोए और विश्वास का संभल लेके अपने शिखर की और निरंतर प्रयासरत रहे। "सफलता एक दिन में नहीं मिलती लेकिन अगर लगे रहो तो एक दिन जरूर मिलती है"। इस वाक्य पे विश्वास करें और पूरी मेहनत और ईमानदारी के साथ अपने लक्ष्य की और अग्रसर हो जाये , बिना यह सोचे की परिणाम क्या होगा ?

क्यूंकि पिछले कुछ सालो के मेरे अनुभव ने मुझे सिखाया है की आप जो चाहे वो कर सकते हैं , बस आपकी मेहनत में सच्चाई और नियत साफ़ होनी

चाहिए। ग्रह नक्षत्र चाहे कुछ भी बोले - अगर मेहनत मन लगा के की है तो परिणाम तो एक न एक दिन आता ही है । हो सकता है वो अभी उस अनुरूप न हो जैसा आपने सोचा हो , लेकिन एक दिन जरूर वैसा ही आएगा जैसा आपने सोचा होगा। इसीलिए बस डटे रहिये। क्यूंकि एक देसी कहावत आप सबने जरूर सुनी होगी की - "घूरे के भी दिन बदलते हैं" अर्थात एक दिन सब ठीक हो जायेगा लेकिन उस दिन तक आपको मैदान में डटे रहना होगा। "

प्रस्तावना

सफलता की राह आसान नहीं होती लेकिन इसको सफल बनाना ही एक प्रतिभागी का प्रारब्ध होता है। जब कोई "सफल" विद्यार्थी किसी प्रतियोगी परीक्षा की तैयारी करता है तो वह सिर्फ उस परीक्षा का पाठयक्रम नहीं पढ़ता अपितु वह मन मस्तिष्क के लिए भी एक पाठयक्रम तैयार करता है जिससे वह खुद को प्रबल बना सके ।

संक्षेप में यदि कहा जाए, तो जिस तरह कंप्यूटर की प्रोग्रामिंग की जाती है एक तैय दिशा में कार्य करने के लिए ठीक उसी प्रकार हम जिस प्रकार अपने मस्तिष्क की प्रोग्रामिंग करेंगे वह, वैसा ही चलेगा। सफलता की सीढ़ी चढ़ने के लिए अपने मन मस्तिष्क की प्रोग्रामिंग कीजिये। उसे निर्देश दीजिये। क्यूंकि आपका मस्तिष्क आपका आज्ञाकारी सेवक होता है लेकिन मन क्यूंकि वह चंचल स्वाभाव का होता है, तो वह मस्तिष्क को भ्रमित करता है जिससे हम अपने लक्ष्य तक पहुंचने में देरी कर लेते है।

आपका मस्तिष्क बगीचे की मिट्टी की तरह है। मिट्टी को इस बात की परवाह नहीं होती की आप कौन सा बीज बो रहे है - गाजरघास या आम , मिट्टी (यानि की मस्तिष्क) का काम है आपके द्वारा बोये गए बीज को पोषण देना। जब आप किसी सफल व्यक्ति की जीवनी पढ़ेंगे तो आप पाएंगे की जब वो अपना काम कर रहे थे यानि की जब वो सफल नहीं हुए थे तब भी वो मन में संकुचित नहीं थे की वे सफल होंगे या नहीं ? वो तो बस अपना काम करते गए और रास्ते उन्हें अपने आप मंज़िल तक ले गए ।

याद रखे - आप जो बनना चाहते हैं , "आपमें वह बनने की शक्ति है"। आपमें अपनी चुनी हुई मंज़िल तक पहुँचने की शक्ति भी है। इसलिए बस आपको अपने मस्तिष्क की सही प्रोग्रामिंग करके, सही दिशा में काम करना है बाकि सब ईश्वर पर छोड़ दीजिये। जैसा की भगवत गीता में भी लिखा है की - "कर्म करो फल की चिंता छोड़ दो "।

लेकिन अगर आप फल की चिंता कर रहे है तो यकीन मानिये की आपने अपना काम सही ढंग से नहीं किया, इसलिए आप खुद अपने मन में संकुचित है अपनी सफलता के प्रति। इसलिए आज से बस जुट जाईये अपने लक्ष्य के प्रति और जब कभी आपको निराशा घेरे तुरंत इस पुस्तक को पढ़ लीजिये मुझे यकीन है की, आप एक बार फिर उठ कर खड़े हो जायेंगे लड़ने के लिए यानि की लक्ष्य प्राप्ति के लिए।

1. मुझे चोट लगे तो दर्द उसको होता है

मुझे चोट लगे तो दर्द उसको हो उठता है,
मुझे पीड़ा हो तो,आँखे उसकी भर आती है।
ये केसा अनोखा रिश्ता है ,
जिसके सामने ईश्वर भी झुकता है।

प्यार समुन्दर से भी गहरा और डांट उसकी फूल सी नाजुक।
जिसकी सहनशक्ति कि कोई सीमा नहीं और गुस्से का तो
नाम नहीं।

जो मेरे लिए हस्के सबकुछ सह जाए ।
जब आँखे मेरी नम हो,तो बेचैन वो हो जाए।
रात में जो मैं जागूँ ,
तो नींद उसे न आये।
थककर उसकी गोद में सोऊ तो,
जन्नत मुझे है मिल जाए।

मेरा पालन करने में जिसने सब कुछ है वार दिया।

मेरा पेट भरने के लिए ,मुँह का निवाला तक त्याग दिया।
कमी मुझे न हो किसी की जो तू साथ,हो मेरे
पर जो तूने मुँह फेर लिया तो,कहाँ जाऊंगा बगैर तेरे

❧ ❧ ❧

जन्म जिसने दिया और जिसकी छाया तले मैं बड़ा हुआ
आंखे जब खोली तो दीदार पहला उसका हुआ
ऊँगली मेरी पकड़ कर चलना मुझे तुमने है सिखाया
इस अकेली दुनिया में ,कदम कदम पे साथ तूने है निभाया
कभी गलत जो काम किया तो,कान पकड़ करसही रास्ता दिखाया
खुशनसीब है वो, जिसने तुझको है पाया
पर सबकी ऐसी किस्मत कहाँ की, प्यार उन्हें ये मिल पाया।

2. कब तक मंज़िल रूठी रहेगी

कब तक मंज़िल रूठी रहेगी , एक दिन तो मिलना होगा।
तप्ती धूप की तपिश के आगे , कठिन समय को झुकना होगा।
कब तक मंज़िल रूठी रहेगी , एक दिन तो मिलना होगा।
ज़िंदा दिल शेर अगर हो , तो साबित तो ये करना होगा।
जब तक जीत की दस्तक न हो, तब तक लड़ते रहना होगा।
कब तक मंज़िल रूठी रहेगी, एक दिन तो मिलना होगा।
संघर्षों के दौर मे, जब कदम लड़खड़ा जाए।
अच्छे समय की आशा लेके, डटके खड़ा रहना होगा।
कब तक मंज़िल रूठी रहेगी , एक दिन तो मिलना होगा।
आकांशाओ की रेत पर, झरझर महल सी ईमारत बनेगी।
अगर ताजमहल खड़ा करना है , तो सालो मेहनत करना होगा।
कब तक मंज़िल रूठी रहेगी , एक दिन तो मिलना होगा।

3. जब ठान लिया

जब ठान लिया तो डरना क्या ,
रुक रुक आगे के बढ़ना क्या ?
पत्थर से यूँही टकराके ,
दिशाविहीन सा होना क्या ?
जब मन जीत को ललचाये ,
मेहनत करने से डरना क्या ?
आये चाहे लाख मुसीबत
पथ पथ पे यूँ बिखरना क्या ?
आते है अंधियारे कई
जो मिट जाए , वो इबारत क्या ?
बनना है तो बाज़ बनो,
फिर तुफानो से डरना क्या ?
जब ठान लिया तो डरना क्या ?
दिल अड़ जाये तो ना-मुमकिन क्या ?
Everything is possible
With determined efforts !!

4. ख्वाब

उठते बैठते , सोते जागते , ख्वाब एक ही देखा है,
अब मन रूठे या तन टूटे , दीदार उसी का करना है।
तप्ती धूपकी तपिश मिली , तो पॉव ने मुझको झुंझलाया,
पर ये ख्वाब कहाँ इतना आसान , की इन चोटों से
सकुचाया।
उगते हुए सूरज ने हमारी राह कुछ आसान करी,
वरना रात का पहरा इतना गहरा की, ख्वाब भी एक पल
घबराया।
एक पल तो मन ने घबराके , लौट जाने को चेताया ,
लेकिन साहस से निश्चय किया, फिर जीत का पैमाना
दिखलाया।
बस फिर हमारे निश्चय ने , जब कठिन रास्ता तय किया,
तो मंज़िल भी मुस्कुराई और मुश्किलों को हल कर दिया।
देर से ही सही , मंज़िल का दीदार तो हुआ,
आखिर किस्मत मेहरबान हुई,
और जीत का सेहरा, सिर पे सजा दिया।।

5. चलते चलते

चलते चलते रास्ते बदल गए ,
अपनों के बीच गैरो से मिल गए।
हार जाते ऐसी हमारी फितरत कहाँ थी,
सबने ठुकरा दिया पर ,
रास्ते मंज़िल तक ले चले।
दो राहे बहुत आए , लेकिन
रास्ते हम भी निकालते गए
किसी ने साथ न दिया,
पर उचाई हम भी छूते गए।
भाग दौड़ तो लगी रही पर,
सुकून के पल पाते चले गए
अपनों ने भी जब ठुकरा दिया तो
कुछ नया करने को आतुर हुए।
चलते चलते रास्ते बदल गए,
अपनों के बीच गैरो से मिल गए।।

6. एक अकेलापन

रोज़ शाम ढलते ही , साँसों पे पहरा छा जाता है,
एक अकेलापन यूँ, चंचल मन मे छा जाता है।
आये है अकेले , जाना है अकेले,
फिर भी साथी ढूंढ़ने को क्यों
ये मन तड़प सा जाता है,
रोज़ शाम ढलते ही .....
पानी पे तैरती कश्ती को भी , साथ लहरों का मिल जाता
है
लेकिन संघर्षो के उस दौर मैं भी , ये दिल मचल सा जाता
है।
जैसे रोज़ शाम ढलते ही ....
समय का साथ मिलते ही जैसे रंक राजा बन जाता है,
उस राजमहल की चमक में दुश्मन कई वो लाता है ,
अपनों से जंग में लड़ते हुए अक्सर ये ख्याल आता है
की समय का फेर है सारा , नहीं तो ये भी कभी था हमारा
लालच के मोह में सब बंधन तोड़ वो जाता है,
रोज़ शाम ढलते ही , एक अकेलापन यूँ
चंचल मन में छा जाता है।

7. आसान होता

अगर मंज़िलो तक पहुंचना इतना आसान होता
तो हर कोई आज शिखर पे होता
मेहनत न करना होता, तो किसी ने
हार का मुँख न देखा होता।
बुलंदी के शिखर पे पहुंचना , अगर आसान होता
तो हर कोई किस्मत के भरोसे ही बैठा होता ,
जीत पाना अगर इतना आसान होता
तो सिर्फ ख्याली पुलाव ही काफी होता।
हारने का डर अगर हावी न हुआ होता
तो शब्द "Impossible" भी डिक्शनरी में न आया होता,
लेकिन हार के बाद जीत और जीत के बाद मिली ख़ुशी ने
हमारे सारे पैमाना को ही बदल दिया था।
इसलिए जीत का स्वाद चखने आज,
हर योद्धा मैदान में उतर आया था ,
क्यूंकि मंज़िलो तक पहुंचना इतना आसान नहीं था,
कुछ पाने के लिए सब कुछ त्यागना ही था।।

8. ज़माना

ज़माना न तेरा न मेरा है
ये तो ज़िन्दगी जीतने वाले ज़िंदा दिल इंसानो का है
दोष न तेरा न मेरा है
ये तो सपने दिखाने वाली इन आँखों का है,
जो ज़माना जीतना चाहती है
और खवाब टूटने पर
रो रो दुहाई देती है।
ज़माना न तेरा न मेरा है,
ये तो मुश्किलों में हिम्मत न हारने वालो का है।
दोष न तेरा न मेरा है,
ये तो ज़माने का दस्तूर है,
जहाँ उगते सूरज को सलाम किया जाता है,
और डूबते को ठुकरा दिया जाता है।।

9. पहेली

अजीब पहेली है ये ज़िन्दगी

एक पल में हँसाती, एक पल में रुलाती

कभी अपनों के बारे में सोच के

कभी गैरो की बाते सुन के ,

रंग बिरंगे ख्वाब से भरी

प्यार से हंसी , तकरार में दबी ,

होंसलों से भरी, खुशियों से सजी।

कभी अनजानी सी , तो कभी झंकार सी,

यार के प्यार सी , माँ के दुलार सी ,

चांदी की चमक सी, सोने की खनक सी ,

गम में डूबी हुई , सितारों से सजी हुई ,

ज़िन्दगी के कई रूप है

कभी लगे अपनों सी , तो कभी बेगानो सी

कभी लगे सुहानी सी, तो कभी लगे दीवानो सी

जीत में , हार में, दिल के हर मिज़ाज़ में

ज़िन्दगी तो जैसे है एक पहेली ,

कभी हँसाती तो कभी रुलाती।

10. सितारों से आगे

जाना है मुझे सितारों से आगे
दूर तलक किसी जहाँ में,
कुछ अपने कुछ परायों से दूर ,
जहाँ भूलूँ में सारी बिसरि यादें।
सारे बंधन छोड़ के, नाता सबसे तोड़ के
दुनिया की बातें छोड़ के, सब कस्मे वादे तोड़ के,
जहाँ ज़िन्दगी तबाह न हो,
मेरे अपने मुझसे खफा न हो
जहाँ इंसानियत शर्मसार न हो
और मानवता ही सत्कर्म हो
सच्चाई की पराकाष्टा हो,
और जाती धर्म में भेद न हो
इंसानो को अपने जीवन का मूल्य पता हो
और मेहनत करने के लिए उद्द्येश्य हो
जाना है मुझे उस जहाँ में
जहाँ जीने की स्वतंत्रता हो
जाना है मुझे अपने ही जहाँ में
जहाँ कोई अपना मुझसे दूर न हो।

11. लक्ष्य

जिसके सोचने भर से नींदे उड़ जाये
ख्वाब जो दिखलाये और उसी राह पे ले जाए
जोश इतना की पानी तक में आग लगा दे
रफ़्तार ऐसी की तूफान को भी पानी पीला दे ,
वही लक्ष्य है।
जिसे बस पाने की ख्वाहिश हो,
जिसके लिए मर मिटने का दिल करे,
कुछ और करने का भी मन न करे
जिसके बारे में सोच के मन में उमंग दौड़ जाये,
वही लक्ष्य है।
आग ऐसी की अंगारे भी फूट जाए
ताल ऐसी की सरगम भी शर्मा जाए
उत्साह ऐसा की भूक प्यास भी कुर्बान हो जाये,
वही लक्ष्य है।
जो निर्णय करना है , आज करो
समय जो जाता है, वो लौट के आता नहीं
और ख्वाब टूट जाता है तो लक्ष्य वो दिखलाता नहीं
जिसके जीवन में लक्ष्य है वही इंसान है और
जिसने लक्ष्य हासिल किया है वो महान है
बिना लक्ष्य के तो पशु पक्षी भी है जो
जीवित होते हुए निर्जीव के सामान है।

12. वो

वो नाम ही क्या , जिसकी पहचान न हो
और वो पहचान ही क्या, जो किसीकी मोहताज हो
वो पैसे ही क्या, जो खर्च न हुए हो ,
और वो खर्च ही क्या, जिसमें किसी की भलाई न हो।
वो ज़िद ही क्या , जिसकी सीमा न हो
और वो सीमा ही क्या जो समाप्त न हो ,
वो आवाज़ ही क्या, जो बुलंद न हो
वो बुलंदी ही क्या , जो शिखर पे न हो
और वो शिखर ही क्या जिसमें ऊंचाई न हो
वो ऊंचाई ही क्या , जिससे डर न लगे,
और वो डर ही क्या , जिसकी हार न हो ,
वो संघर्ष ही क्या जिसमें जीत न हो
और वो जीत ही क्या, जिसमें सच्चाई न हो।
ऐसे बहुत से शब्द है, जिनका अर्थ उनके काम करने के तरीके से पता चलता है, ये वो शब्द है जिनकी पूर्णता उनके साथ जुड़े शब्द से ही संपन्न होती है।इसलिए अपना व्यक्तित्व ऐसा बनाओ की खुद अपने आप में संपूर्ण बनो।

13. होंसला

होंसला जब टूटने लगा , तो जैसे सांसों ने हार मान ली
जैसे सारे सपने बिखरने लगे
उम्मीद के पंख मुरझा गए।
होंसला जब टूटने लगा तो मानो
अपनों ने भी साथ छोड़ दिया
लगा जैसे एक प्यासे को रेगिस्तान में छोड़ दिया
जैसे साँसों ने भी दम तोड़ दिया।
होंसला शरीर का वो अंग है, जो दिखाई नहीं देता
लेकिन अपना वजूद महसूस करा देता है
होंसला जब टूट जाता है तो
जीने की चाह ख़तम हो जाती है
कुछ कर गुजरने की आग बुझ जाती है ।
लेकिन जब यही होंसला हमारे मन में होता है -
तो जैसे जीने की चाह बढ़ जाती है,
लक्ष्य साफ़ साफ़ दिखाई देने लगता है,
आखिर ये होंसला ही तो होता है
जो सरहद पर घायल पड़े सैनिक में भी
जान फूँक देता है।
अगर आप भी जीवन में कुछ कर गुजरने की चाह रखते है
तो इस होंसले को बरक़रार रखिये और
ज़िंदादिल होके अपने काम में जुट जाईये।
सफलता एक दिन आपके कदम जरूर चूमेगी।

14. अब समय है

अब समय है कुछ कर गुज़रने का
इस वक़्त में आगे निकल जाने का ,
ज़माने में अपनी धाक जमवाने का
अपने नाम का परचम फ़हराने का।
अब समय है कुछ कर गुजरने का
कुछ कर के आगे बढ़ते रहने का
करते हुए भी हार नहीं मानने का
न मिलने पर सफलता कभी न रुकने का।
अब समय है कुछ कर गुजरने का
खुद को ज़माने से आगे ले जाने का
अपनी पहचान खुद बनाने का
कुछ कर गुजरने की चाह का
अब समय है कुछ कर गुजरने का
आर पार की लड़ाई का
लड़ाई में अपना डंका बजवाने का
हार भी जाएँ तो दुबारा उठने का
अब समय है कुछ कर गुजरने का
कुछ करके आगे निकल जाने का
और वापिस कभी न मुड़ने का
अपने सपनो को पा लेने का
अब समय है कुछ कर गुजरने का।।

15. बारिश

लो आ गया बारिश का मौसम
लेके छाता निकले हम
पानी की बूंदे गिरते ही
झिलमिल हो उठा सारा आंगन।
प्रकृति ने जब ली अंगड़ाई , पेड़ो पे हरियाली छाई
इंद्रधनुष ने अदा दिखाई, तो सात रंगो की बहार आयी
सूरज चाचू ऐसे भड़के , बोले छोटे अभी तू कट ले,
दिन का समय होता है मेरा,
अभी भला तुम, कहाँ से टपके ?
पर बदल भी थे बड़े जोश में
बोले चाचू आ गया बारिश का मौसम
छाता अपने रखलो संग
चाचू हस्के बोले छोटे
तुम अभी नटखट और खोटे
चलो अभी तुम घर जाओ
चंदा मामा संग तुम आओ
बादल को सूझी एक शरारत
और झटपट बरसा दी जोर से बारिश !!

16. मन

मन हवा से भी तेज होता है, और अत्यधिक चंचल ,

ये मन ही तो है, जो रोज़ नए सपने दिखाता है

कभी दिखाए मायूसी तो,

कभी हंस मुख बन जाता है

कभी चले एकांत में तो,

कभी कदम ताल मिलाता है,

नाचे कभी मोर सा और

कभी जोर से रुलाता है

न जाने ये खुली आँखों से ये

कितने सपने दिखलाता है,

कभी बने बाबा बैरागी तो

कभी मोह भंग कर जाता है,

कभी दिखाए सपने सुहाने तो,

कभी मर्यादा दिखलाता है,

कभी नाचे सावन में,

तो कभी मेघ बन जाता है,

कभी बने पानी की तरह ,

तो कभी चंचल हो जाता है

चंचलता है इसकी पहचान और चपलता काम

कभी कोई समझ न पाए , क्यूंकि मन है इसका नाम।।

17. सहेली

कल बनी मेरी नयी सहेली
पूछी मुझसे क्यों हो दुखी?
जब चलने का नाम है गाडी
तो थोड़ा चलकर क्यों यूँ रुकी ?
ज़िन्दगी है एक अजीब पहेली
कल थी खुश, फिर आज है दुखी
बोली मुझसे मेरी सहेली
मिटाकर लिखो न नयी पहेली !
जीवन की डोर है बड़ी छोटी
मायूसी को न होने दो हावी
बोली मुझसे मेरी सहेली
तुम मुझसे कुछ क्यों नहीं सीखती ?
कद में हूँ छोटी पर काम बड़े करती
रंग बिरंगी या सफ़ेद रंग की
खींची हुई रेखा एक पल में मिटाती
Eraser (इरेज़र) बनी मेरी नयी सहेली !!

18. माँ

माँ इंसान का पहला शब्द है, और शायद आखरी भी
दुनिया में सबसे ज्यादा सुकून जिसकी गोद में मिलता है
प्यार जिसका समुन्दर से गहरा और
ममता से भरा जिसका दुलार है
वो माँ है !!
मुसीबत के वक़्त जो सहारा दे जाय
दुविधा में जो राह दिखा जाय
हर गम की दवा है और
हर बीमारी का इलाज जिसके पास है
वही जगत जननी माँ है !!
दुनिया जिससे शुरू और जिसपे अंत हो
प्यार ऐसा की कभी ख़तम ही न हो
मेरी निंदिया पे अपनी निंदिया भी जिसने वारी है
वही मेरी भोली भाली माँ है !!
अपना नहीं जिसे सुख दुःख कोई
मैं मुस्काया वो मुस्काई
मैं रोया वो रोई
जिसकी जान ही मुझमें बस्ती है
वही मेरी माँ है !!

19. ज़िन्दगी

ज़िन्दगी एक अनोखा सफर है,
जहाँ रोते हुए आते है
और हस्ते हुए जाते हैं
कहाँ से आते है और कहाँ चले जाते है
कुछ पाने आते हैं या कुछ खोने आते है
ये ऐसी डगर है जहाँ चलते सब हैं
लेकिन समझा कोई नहीं है।
ज़िन्दगी को बहुत प्यार करते हैं
लेकिन मौत से डरते है
किस दुनिया से आते हैं
और किस दुनिया में चले जाते हैं
क्या करने आते हैं ?
और क्या करके जाते हैं
लेकिन ज़िन्दगी पाने के बाद
सबके मायने बदल जाते है।
कोई नाम कमाना चाहता है
कोई दौलत, तो कोई शोहरत
और कोई बस दिल में जगह बनाना चाहता है
कुछ तो हर ख़ुशी और हर ग़म से बेगाने होते है
कुछ अपनी ख़ुशी के लिए मर मिटते हैं
कुछ अपने मुकाम हासिल कर लेते हैं,
कुछ रस्ते में ही छूट जाते है।

लेकिन जो आया है उसे तो जाना ही है
और साथ सिर्फ आपका काम जाता है
आपकी इंसानियत, आपके सत्कर्म
सोना चांदी, दौलत शोहरत सब यही रह जाते हैं
जहाँ रोते हुए आते हैं और हस्ते हुए जाते हैं।
लेकिन ज़िन्दगी के मायने
बहुत कम लोग समझ पाते हैं।।

20. मालिक

देखूँ अगर मैं बाहर, तो मेरे अंदर कौन समाया है ,
अगर देखूँ अंदर , तो फिर बाहर किसकी माया है?
तुझ से ही चलके मैं गुज़रा और तुझ पे ही आ ठहरा हूँ
तेरे माया की छाया तले, अपने ही कर्मों में उलझा हूँ
तेरे दर पे मेरा सर है , अब मुझे मिटादे या बना दे
ये तेरी मेहर है।
मैं तुझसे दूर हूँ मालिक , जब तक तू मुझसे रूठा है
आजमाले मगर मुझे, मेरी भी ये रज़ा है
गर लगे तुझे हुई मुझसे खता है,
तो मंज़ूर है मुझे तेरी दी हुई हर सजा है।
देखता हूँ जब चारो तरफ तो पाया मैंने अँधेरा है
इस नादान दिलकी क्या यही खता है ?
जो दे दी तूने मुझे ये सजा है....
कौन करेगा दूर इसे और कौन करेगा उजाला
जब तक तू हस्के देख नहीं लेता,
तब तक मैं भी हूँ यही खड़ा
मुझ पे दया कर मालिक और अपनी रेहमत बरसा
खोल दे बाहें और मुझे अपने दर पे बुला।

21. मक्खन मलाई मार के !!

अपने आसपास देखने पर ये समझ आता है की- देश ने काफी तरक्की कर ली है और साथ ही चापलूसी के हुनर ने भी।पहले सिर्फ मक्खन वही दुकानों पे मिलता था। पर अब तो जैसे अलग -अलग वैरायटी का मक्खन बाजार में आने लगा है, वैसे ही लोगो में इसका प्रचलन भी काफी बढ़ गया है। किसी संस्थाः में जब कोई अकुशल व्यक्ति किसी बड़ी पोस्ट पे दिखाई दे , तो समझ लीजिये साहब के पास अच्छी क्वॉलिटी वाला मक्खन है, बहराल ये भी किसी "हुनर"से कम थोड़ी है। शिकायत तो मुझे ईश्वर से है ! मैंने भी अपना सिर ऊपर किया और हमेशा की तरह एक सवाल उन पर दाग दिया।आखिर पूछ ही लिया, इन भाई साहब ने कुछ ज्यादा रिश्वत दी थी क्या ? इस अनोखे गुण को पाने के लिए, लेकिन वो भी क्या करे, हम ठहरे अड़ियल किस्म के , ये हुनर हमें देते भी तो कैसे ? लेकिन लगता है अबकी बार उनको हमारा सवाल पूछना कुछ ज्यादा पसंद नहीं आया था । हमें लगा उन्होंने अपनी भौहें टेडी करि और तथात्स्तु बोलके ये दंड रूपी मक्खन वाला आशीर्वाद हमें दे दिया।

कुछ दिनों बाद, हमारे भाईसाब ने हमें एक पुस्तक दी। क्यूंकि वह पड़ने के कुछ ज्यादा ही शौक़ीन थे, किताबो और

लेखन की उन्हें कुछ विशेष परख थी।हालांकि यह अमूल्य हुनर "मक्खन लगाने वाला" उनके पास भी नहीं था। पर लगता है उनका कुछ विशेष लगाव रहा होगा, जो उन्होंने ईश्वर की प्रेरणा से हमें एक जादुई पुस्तक दी।कॉपीराइट सिस्टम की वजह से उस पुस्तक के नाम का ज़िक्र तो नहीं कर पाएंगे पर उसके जादुई चमत्कार से आपका परिचय जरूर करवा देते है।

इससे पहले हमारा कुछ विशेष लगाव पुस्तकों के प्रति था तो नहीं, पर इसके जादुई शब्द हमें समझ आने लगे थे, और क्यों न आये , ईश्वर का आशीर्वाद जो मिल गया था।अब हमने इसे पड़ा और इसका लोगो पे प्रयोग भी किया। यकीन मानिये साहब ! कहाँ हम जैसे गरीब लोग, जिनको मित्रो का अक्सर अकाल पड़ा रहता था, अचानक एक साथ झुण्ड में १२ मित्रो का सानिध्य प्राप्त हुआ। भई ! जैसा की हमने जिक्र किया, पुस्तक तो जादुई थी, इसलिए इनाम भी जादुई रूप में मिल रहे थे। १ पाठ पड़के जैसे हमने तो अपना "अकाल" मिटा दिया था, अब तो हमें समझ आ गया था की, इस पुस्तक रुपी मन्त्र का पूरा ही पाठ कर लेते है। क्या पता और क्या क्या जादुई आशीर्वाद मिल जाए।लेकिन जैसे हर पिक्चर (फिल्म) की शुरुआत में एक चेतावनी आती है, वो शायद इसकी हम समझना भूल गए थे।

जादुई दुनिया में प्रवेश का द्वार तो खोल लिया था, पर बाहर आने का रास्ता मिल नहीं रहा था।देखते ही देखते ये हम मखड़ी के जाल जैसे चक्र में उलझ गए थे।और हमेशा की तरह एक बार फिर सिर ऊपर किया और शिकायत का अम्बार बरसा दिया। पर अब तो लगता है, ईश्वर भी गुस्सा हो गए थे, बोले - "भलाई का तो ज़माना ही नहीं है" ! और

जीभ चिडाके चले गए थे। खुदको असहाय पाकर हम भाई साहब की शरण में पहुंचे तो , उन्होंने कहा - क्या बताऊँ ? में तो खुद ही इस बीमारी से पीड़ित हूँ। अब हम सोचे की जब खुद उलझे थे तो हमें क्यों बिदा दिए ? लेकिन क्या करे पापी मन का सवाल था। ऐसी उपलब्धि छोड़ता कौन है ? हम भी मन में सोचे - १०० अच्छे "आम" के साथ १० सड़े "आम " आ भी गए तो क्या ? और अपने ये जादुई व्यव्हार की प्रतिभा सबमें बिखेरते चले गए। लेकिन याद रखिये "सफलता पाने का कोई छोटा रास्ता नहीं होता", और कई बार ये मक्खन लगाना, जरुरत से भी ज्यादा हानिकारक हो जाता है।अब आप सोच रहे होंगे कैसे? अब बात निकली है तो चलिए एक कहानी बताके समझाते है।

हम एक जगह किराए से रहने गए , वहां के जो मकान मालिक थे वो एक महिला थी, और शायद अकेली भी। वहां हमें समझ आया की आदमी के पांव भले ही आधे कब्र में लटके हो लेकिन ढींगे तो वो ऐसी मारेगा जैसे प्रधानमंत्री का रिश्तेदार हो। ये मोहतरमा लगभग ५५ साल की १०५ किलो बजन के साथ हमारा अभिवादन करने आयी। हमने सहर्ष ही उनका अभिवादन स्वीकार्य किया और अपने जादू की छड़ी यहाँ भी चला दी।पर यहाँ हमें सही अनुभव हुआ की - वो जादू की नहीं बल्कि कसाई की कुल्हाड़ी थी, हमने अपने ही हाथ अपने पैरो पे कुल्हाड़ी मार ली थी, चुकि वो अपने वजन से एक दिन अत्यधिक् दुखी थी तो हमसे उनका रोना देखा नहीं गया और हमने हमारी जादू की छड़ी यहाँ भी चला दी। हमारे जादुई वचन जो हमने उनसे कहे वो कुछ इस प्रकार थे -

आप ज्यादा मोटी नहीं हो नार्मल हो, थोड़ा सा व्यायाम

आपको चुस्त और फुर्तीला बना देगा। हालांकि ये गलत भी कहाँ था। अरे साहब तनिक सोचिये ! ये कहते हुए हमारी जीब जरा भी नहीं लड़खड़ाई, लेकिन उनको ऐसा लगा की मानो जैसे किसीने उनको उनके बचपन की याद दिला दी हो या उनको किसी अभिनेत्री के समकक्ष रख दिया हो। भारत देश में लगभग ये समस्या हर शादीशुदा महिला को होती है। अगर कोई उन्हें आंटी कहकर सम्बोधन करे तो उन्हें ऐसा प्रतीत होता है जैसे किसीने उनके साथ बद्तमीजी कर दी हो या उनके साथ दुर्व्यहार कर दिया हो। और ये भूल हम भी कर चुके थे।

लेकिन क्यूंकि हमारे तीर का असर अभी बाकि था, तो ये बद्तमीजी वाला जहर पूरा घुल नहीं पाया था। धीरे धीरे ये जहर घुला और वो इतना बढ़ गया की उन्होंने एक दिन हमें खूब खरी खोटी सुनाई और बोली - तुम आंटी किसको कहती हो ? हम सिर्फ दिखते बड़े हैं लेकिन हम में और तुम में ज्यादा अंतर (उम्र में) नहीं है, तो आंटी हमसे नही बोला करो।

जब से ये भाभीजी सीरियल आया है, तबसे कम्बकत ये शब्द जहर जैसा लगने लगा है। लेकिन इसके बारे में ज्यादा कुछ सोचते उससे ज्यादा तो हम ये सोचने लगे की क्या हमारी उम्र इतनी दिखती है ? बड़ा खतरनाक सवाल हमारे ज़ेहन में उतर आया था , हमारी शादी भी नहीं हुई और लगभग ३० साल का फ़ासला उन्होंने ऐसे मिटा दिया था, जैसे आटे से खिंची रेखा को फूँक मार के उड़ा दिया हो। दुविधा में तो हम थे ही , पर इतने से सवाल का जवाब लेने ईश्वर के पास नहीं जा सकते थे क्यूंकि उन्होंने तो पहले ही मुंडी टेढ़ी कर राखी थी।

इस सवाल का जवाब ढूंढ ही रहे थे की कुछ दिनों बाद हम अपने ऑफिस गए । वहाँ क्यूंकि हम टीवी पर काम करते हैं तो लगभग सारी गॉसिप मेकअप रूम में ही होती है। अच्छा यहाँ सबको लगता है की हमने अभी तक ग्रेजुएशन यानि स्नातक ही नहीं की। और उसी मक्खन रूपी दवाई का इस्तमाल करके यहाँ आ गए हैं। अब चर्चा चली क्यूंकि वहां लगभग सब हमसे बड़े ही थे तो हमारी मेकअप वाली मैडम बोली, तुम्हारी उम्र अभी बहुत छोटी है, पहले पढ़ाई पूरी करलो फिर काम करना , और उनकी हाँ में हाँ लगभग वहां उपस्थित सभी ने मिला दी।

हम जिन नज़रो से उनकी तरफ देख रहे थे ये बता पाना थोड़ा मुश्किल है । कई सारे सवाल अचानक जैसे एक दूसरे के सामने युद्ध भूमि में उतर आये हो -

सवाल १ - क्या हम इतने छोटे दिखते हैं , जो इनको लगता है की हमने अपनी पढ़ाई तक पूरी नहीं की ?

सवाल २ - अगर इतने छोटे लगते हैं तो उस दिन उन आंटी ने वो ३० साल के फर्क का प्लेन बनाके क्यों उड़ा दिया ?

सवाल ३ - क्या में बताऊ की मुझे इस फील्ड में ८ साल का अनुभव है और मेरी स्नातकोत्तर यानि पोस्ट ग्रेजुएशन भी हो चुकी है ?

ये सारे सवाल आपस में भिड़ रहे थे, तब एक बात समझ आयी। उम्र चाहे कितनी हो अनुभव बोलता है और मक्खन लगाके व्यक्ति कितना ही आगे चला जाए, एक दिन जरूर गिरता है।

तो सारांश अगर देखे तो ये होना चाइए की जनाब "काबिल बनिए, मक्खन का जादू ना ही चलाइये" ।

वैसे ही भाव उसके भी कुछ कम नहीं है, कहीं और ज्यादा

भाव बढ़ गए तो कहीं हमें कृष्णजी भी आशीर्वाद रूपी कोई दूसरी पुस्तक ना दे दें .... यही सोचके हम भयभीत हो गए । और हम समझ गए थे की शिकायत न करके जो अपने भाग्य को बदलने की कोशिश करता है , वह निश्चित रूप से ईश्वर के सही आशीर्वाद का हक़दार बनता है ।
"तो शिकायत नहीं मेहनत करिये"।।

22. हाय ! मेरे बचपन के दिन

अक्सर लोगो को आपने यह कहते सुना होगा, हाय ! मेरे बचपन के वो प्यारे प्यारे दिन, अब आप सोच रहे होंगे एकाएक आज ये बात क्यों ? इसलिए क्यूंकि जब भी पुराने दोस्त यार मिलते हैं तो यही बातें करते हैं। कल हमारे परम मित्र भी इस विषय के बारे में सोचके भावविभोर हो ही रहे थे की हमें लगा मामला कुछ गंभीर सा है। तो हम भी पूछ ही बैठे, - एक बात बताओ भई, बचपन में ऐसा क्या खास था जो आपको याद आता है ? वो भी जैसे उधार ही बैठे थे, की कोई तो ज़ालिम हमसे हमारा दर्द बाटें, तो ये तो सोने पे सुहागा जैसा हो गया था। उन्हें लगा जैसे उन्हें "ईद का चाँद" दिख गया हो। हमारे मन में और उत्सुकता आयी की, इन्हे इनके बचपन का ऐसा क्या याद है ? क्यूंकि अगर हम कोशिश भी करें, तो भी हमारा मन उस ओर जाने में ऐसे सकुचाता है जैसे कोई भारतीय पाकिस्तान जाने के नाम से कतराता होगा।

हमारे मित्र तो कथा सुनाने उधार ही थे , हमें जिज्ञासु जानकर वो कहने लगे - बचपन में जब मन हुआ तब टीवी देखी, ज़िद करी तो अच्छा खाना मिल गया ओर ज़िद करी तो बाहर खेलना भी मिल गया। कोई दिक्कत नहीं और टेंशन का तो जैसे नाम ही नहीं। अब उनकी मनुस्मृति कुछ

हमारे समझ में आ पायी थी, की इन्हे वर्तमान से दिक्कत है , और क्यों न हो बड़े होते ही आत्मनिर्भर जो बनना होता है। वैसे तनिक सोचिये, अगर भारत देश भी यह बोले की मेरा बचपन कितना अच्छा था, - अंग्रेजो की गुलामी में था , तरक्की के नाम पे शुन्य था, और अत्याचारियों के सामने बेबस था । कहाँ मुझे ये आत्मनिर्भर बनाने में लगे हुए हैं सब। उसी तरह, लगता है इन मोहतरमा को भी तरक्की कुछ खास रास आ नहीं रही थी।

बहराल हम अपनी तरक्की से काफी खुश थे। क्यूंकि बचपन के नाम पे हमसे कोई पूछे तो हमें तो याद आता है, माँ के हाथ की वो ५ उंगलिया जो सीधे गाल पे छपती थी, और पापा की वो लाल मिर्ची सी आंखे, जिनको दिखाके वो अक्सर अपना खौफ कायम रखते थे।

क्यूंकि हमारा भरा पूरा परिवार था तो बाकी के रिश्तेदार जैसे चाचा-चाची, दादा-दादी सब साथ ही रहते थे। तो इससे भी परे अगर जाए तो, ऊपर से आग लगाने का काम बाकी के रिश्तेदार कर देते थे। ऐसे में बचपन के दिन हमें याद आते भी तो कैसे, तो बचपन की टीवी और ज़िद का लफड़ा तो हमें कुछ रास आया नहीं, इसलिए अपनी जिज्ञासा को ओर बढ़ाते हुए हम पूछे की- क्या और भी कोई खास विशेषता है, आपके बचपन में ?

अब तो जैसे उनके दिल के तारो की सरगम कोई छेड़ गया हो, मानो किसी संगीतकार को बरसो पुराना साज मिल गया हो। बोले अब क्या बताए,- "दिन थे सुहाने, लड़कपन के दीवाने, घूमने फिरने की आज़ादी से भरपूर, लाजवाब भोजन के अफ़साने"। क्या सुनाए बचपन की वो प्यारी यादें। अब तो हमारा दिमाग और भी चौंधिया गया था, उनकी पहली

लाइन से विश्लेषण करना हमें शुरू किया, दिन थे सुहाने ? अब लगता है हमें भी अपनी बचपन की तिजोरी को खोलना पड़ेगा ये जांचने के लिए की कहीं हम भी अपने सुहाने दिन कहीं भूल तो नहीं आये ? हमें तो ऐसा लग रहा था, जैसे सांप की तरह हमने भी अपनी बचपन की केचुली उतर दी हो।

यादो को तलाशने हम भी मुड गए उन पुराने दल्लानो में, क्यूंकि हम हाथ में टॉफी रखे थे तो इसी से पिक्चर चालू हुई , याद आयी वो मार, जब टॉफ़ी खाने की ज़िद करने पे पड़ी थी, मन तो हमारा ऐसा हो गया, मानो हमनी बासी पुरानी खट्टी दही खाली हो। हमने बहुत ही बुरे मन से इन मोहतरमा को देखा, जो मीठी यादो की चाशनी में गोते लगा रही थी, और सोचा इनका तो पता नहीं पर आज कम से कम मनका खाना तो मिलता है, खैर वैसे भी ज्यादा टॉफी खाने से दांत खराब हो जाते है और फिर हमारे दांत पत्ता गोभी की तरह भी तो नहीं जिसकी ऊपर की पत्ती खराब हो जाए तो भी उसे हटाने पर भरा पूरा पत्ता गोभी अंदर से निकल आता है। तो वो ठीक भी था।

अगर घूमने फिरने की आज़ादी की बात करें तो हमारी गिनती घर के सबसे उपद्रि बच्चो में आती थी, क्यूंकि हम बहुत उटपटांग खेलते थे, तो घर वाले अक्सर नाराज हुआ करते थे, एक दिन युहीं छत की मुंडेर के पास खेलते हुए हमारा पाँव मुड गया और बाद में पता चला की फ्रैक्चर हो जाने से २१ दिन का पट्टा बंध गया था। वैसे ये कोई पहली बार नहीं था, इससे पहले और बाद में भी कुल मिलकर हमें ५ बार फ्रैक्चर हो चुका था, बात खेल की निकली है तो आपको बताते है - खेल और ज़िद के मिश्रण के कितने

भयावह परिणाम हो सकते हैं, क्यूंकि हमारा घर पहली मंज़िल पे था, हमारे मामा ने हमारे लिए दरवाजे पे झूला दाल दिया था। हम वही बैठके झूलते और रोड पे आने जाने वालो का निरिक्षण करते, अबकी बार हम खेलके आने में थोड़ा लेट हो गए तो माँ ने गुस्से में अंदर नहीं आने दिया। क्यूंकि बचपन में ज्यादा मनमुटाव नहीं होता तो आप लोगो की बात का बुरा कम मानते हो या यूँ कहे की बुद्धि कम होने से फालतू का दिमाग कम चलाते हो।

हम भी अपने झूले पे बैठके झूलने लगे पर इस बार हमारा मुँह बाहर की तरफ न होते हुए अंदर की तरफ था, क्यूंकि भारत पाकिस्तान का मैच चल रहा था, सब बड़े ध्यान से देख रहे थे, वैसे जब लोग कचरा रोड पे फ़ेंक देते हैं, इधर उधर थूक देते हैं , तब उनकी ये देशभक्ति की भावना लगता है की अंडमान के कालेपानी में छुप जाती है। लेकिन जब खेल की बारी आती है तो सबकी देश भक्ति बुर्ज खलीफा की छोटी से भी ऊँची हो जाती है। क्यूंकि सब खाते-खाते खेल का रोमांच देख रहे थे, हम भी झूले पे बैठे बैठे खाने लगे और भारतीय बन कर भारतीयों का उत्साह वर्धन करने लगे।

अचानक रोमांच दुःख में बदल गया था, क्यूंकि एक पागल कुत्ता हमें काटके भाग गया था। ऊपर से महान घरवाले हमें हॉस्पिटल ले जाने की अपेक्षा, उस कुत्ते को ढूंढ़ने निकल पढ़े। जैसे इलाज हमारा नहीं उसका करवाना हो। और उसके बाद हमें एक के बाद एक पुरे ८ इंजेक्शन लगे, वो सुई का दर्द अब भी जब याद आता है तो पुरे बदन में ४४० वाल्ट का करंट दौड़ जाता है । जैसे किसी पैसेंजर ट्रैन को १६० की स्पीड पे दौड़ा दिया हो, अरे खाक अच्छे दिन। इनका

तो पता नहीं पर हम, अब और उन दिनों को याद करने की हिम्मत नहीं जुटा पा रहे थे।

तोह हम समझ गए थे की हमें अपनी बचपन की तिजोरी को ताला लगाके, चाबी किसी गहरे समुद्र में फेंक देनी चाइए । लेकिन साथ ही यह भी समझ आया, की लोगो को अपना बचपन इसलिए याद आता है, क्यूंकि उन्हें मेहनत करना पसंद नहीं होता। वो अपने भविष्य की मीठी सेवई में तैरते तो है पर उसके लिए श्रम करने से कतराते हैं। और इसलिए बचपन की चाशनी में गोथे लगाते हैं।

हमारा आने वाला कल हमारे आज पे टिका होता है, न की मीठी चाशनी की तरह बीते बचपन के दिनों पे। इस आज का महत्व उस व्यक्ति से पूछिए जिसने पिछले कई साल गुमनामी और बेबसी में बिताये हो, और आज उसे एक मौका मिला हो अपना भविष्य बनाने का , क्यूंकि - "समय जो जाता है वो लौट आता नहीं और ख्वाब टूट जाता है तो लक्ष्य दिखलाता नहीं "।

तो हम इन मोहतरमा को बिना ज्ञान का भंडार दिखाए लौट आए अपने वर्तमान में। माना बचपन वाकई सुहाना होता है। लेकिन जो वर्तमान है उसीमें तो भविष्य "बनाना" होता है। वो भी कहाँ बुरा होता है, आपको हर दिन एक नयी शिक्षा दे जाता है , कुछ कड़वी नीम सी और कुछ मीठी शहद सी.......

www.ingramcontent.com/pod-product-compliance
Lightning Source LLC
Chambersburg PA
CBHW031004180726
47993CB00018B/1564